Cita en la Recoleta

Viviana Espinosa

Dirección editorial: Raquel Varela

Edición: Javier Lahuerta

Cubierta: Grupo Adrizar

Ilustración de cubierta: Fernando San Martín

Ilustración de interiores: Fernando San Martín

Maquetación: Grupo Adrizar

© de esta edición: enCLAVE ELE / CLE International - 2006

ISBN: 2-09-034184-X
Nº de editor: 10 130 052
Depósito Legal: Julio 2006
Impreso en España por Mateu Cromo
Printed in Spain by Mateu Cromo

Índice

Cita en la Recoleta

C uando alguien desaparece, una luz se apaga.

Esa luz se apaga para mí el día que Andrés desaparece.

En algún sitio leí una vez que si mirás el mundo desde el cielo, desde muy lejos, se pueden ver millones de fueguitos. Fuegos grandes, fuegos **chiquitos**, fuegos alegres, fuegos tímidos y fuegos brillantes. Todo tipo de fuegos. Esas llamas que se ven desde lejos son personas.

El fuego de Andrés era una de esas luces intensas. Y con esa llama iluminaba a todos los que lo rodeaban.

Empieza el año 1979, es verano. Él y yo escapamos del calor, a veces insoportable del verano **porteño**, bañándonos en el sucio Río de la Plata.[1] Agarramos las bicicletas después de comer y entre risas y carreras terminamos en la Costanera.[2] Nadamos,

1 Río que baña las costas de Buenos Aires.

2 Acera que bordea el Río de la Plata. Allí se dan paseos, se va a pescar, etc.

jugamos y nos olvidamos del mundo en el que vivimos. No sabemos nada de lo que está por pasar.

Nuestro barrio es La Boca. Un barrio de puerto, colorido y humilde. Fundado con mucho sudor por inmigrantes italianos a principios del 1800. Con los años, Gardel,[3] nuestro cantor de **tango** más famoso, puso de moda al barrio y a la calle Caminito en todo el mundo. Por eso, ahora esta es una de las postales más vendidas y más conocidas del país. La foto de Caminito con una pareja entrelazada bailando el tango.

Pero para nosotros eso no tiene importancia. El barrio es nuestro mundo. Esas son nuestras **fronteras**.

Ese enero desaparece Andrés.

Son **épocas** difíciles. Desaparece mucha gente en silencio. Parece que el silencio ayuda a creer que nada de eso está pasando.

Yo entonces tengo 13 años, como él. Todavía somos unos **pibes**. Él tendrá 13 años para siempre. Yo, crecí **de golpe**. En un solo verano, en el verano de 1979.

Desaparecer no es morir. Eso lo supe desde el principio. El vacío es diferente. Pensá en unas huellas en la arena. Un **rastro** que el mar borró. Una huella que no podés seguir. Eso es Andrés para

3 Carlos Gardel (1887-1935), cantante y compositor de tango muy popular en Argentina.

mí, unos pasos interrumpidos que no puedo seguir. Una historia siempre incompleta. Siempre una duda. ¿Dónde está Andrés?

Muchos años después de ese verano, creo que unos 10, ocurrió algo que, por suerte para mí, lo cambió todo.

2 Capítulo
1989

Siempre me gustaron los cementerios. Son lugares en los que encuentro paz. Mucha gente piensa que eso es ser **macabro**. No estoy de acuerdo. La muerte es parte de la vida y hay que aceptarlo.

La Recoleta es uno de los cementerios más bellos del mundo, eso es lo que dicen. Yo no viajé tanto, no puedo comparar. Pero sí puedo apreciar las lindas calles, las esculturas y el silencio. También puedo adivinar las historias que hay detrás de cada **lápida** de mármol, de cada inscripción en bronce. Parte de la memoria de Buenos Aires. La que habla de los que ya no están.

El viento susurra **leyendas**, si te parás un rato y te sentás en un banco, las podés escuchar. La dama de blanco es una de esas historias; dicen muchos que la vieron **vagando** entre las tumbas, perdida. Se dice que esa es

Rufina, una joven a la que enterraron viva por error. **Catalepsia** dijeron después los entendidos. Yo creo que la dama de blanco es Elisa Brown, la hija del almirante irlandés que se ahogó en el río con su vestido de novia. En ese mismo río donde Andrés y yo nos bañamos aquel verano de 1979.

El cementerio de la Recoleta es una pequeña ciudad dormida dentro de esa gran ciudad despierta que es Buenos Aires.

Esta pequeña ciudad llena de historias queda muy cerca de la oficina en la que trabajo. Un estudio de arquitectura que se dedica a hacer arreglos y reformas. El estudio está en Las Heras y Pueyrredón, en el **corazón** mismo del barrio de la Recoleta. Desde el balcón de mi despacho se pueden ver las calles del cementerio.

Al mediodía tengo una hora y media para **almorzar**; cuando puedo, me acerco al cementerio. Me siento a la sombra un rato y lentamente como las **empanadas** más ricas del mundo, las que prepara mi **vieja**. Luego me pierdo entre las callecitas silenciosas. Leo las inscripciones y mi imaginación vuela.

Sí, Andrés, te perdiste muchas cosas estos años. No te puedo engañar. **Lindas** y no tan lindas. La memoria es rara. Te acordás de cosas sin importancia y te olvidás de las que fueron importantes. El tiempo acomoda las memorias a su **antojo**. Recordar es como rebuscar entre cajones llenos de papeles viejos. Facturas, pasaportes, cartas recibidas y postales sin mandar. Recordar es intentar darle un orden y un nombre a lo vivido.

Guerras acá y guerras allá. Perdimos las islas Malvinas.[4] Le declaramos la guerra a los ingleses y perdimos, no pudimos recuperar las solitarias islas del sur.

Pero después de la tormenta siempre sale el sol y fue entonces cuando se fueron los **milicos**. Y las calles eran una fiesta.

---

4   El 2 de abril de 1982 comenzó una guerra entre Argentina y Gran Bretaña por un histórico litigio entre ambas naciones por la posesión de las Islas Malvinas. El 14 de junio del mismo año, el gobierno militar argentino encabezado por el general Galtieri se rindió frente al ejército británico y así finalizó la guerra. Las *Falkland Islands*, como los ingleses las llaman, es territorio ocupado por los británicos desde el año 1833.

Y todos salimos a festejar. Y se acabó el miedo. Y todos queríamos hablar después de tanto silencio. Y por fin hablamos. Y gritamos y lloramos. Luego se juzgó a los militares por los crímenes cometidos y años después se los perdonó a todos con la Ley del Punto Final.[5] Un poco de todo, Andrés, y vos no estabas. Tampoco pudimos encontrar tu rastro entonces.

¿Sabés una cosa, **che**? Que tengo 24 años y hay días en que me siento viejo, un poco **derrotado**.

¿Te acordás de Cecilia, Andrés? Sí, la **nena** linda, la de las trenzas negras, que vivía al lado de la vía. Sí, claro que sabés de quien te hablo. La de la casa azul. ¿Cómo no te vas a acordar? Fue tu primera novia, tu primer beso.

Todos en el barrio estábamos **loquitos** por ella, la más linda y vos te la ganaste. Cecilia. Fuimos juntos a la **facultad**. Me **metí** en arquitectura al final. Cambié de idea a último momento.

---

5   En 1983 se termina la dictadura militar en Argentina y se convocan elecciones. Una de las primeras tareas del gobierno democrático es investigar y juzgar a los militares que gobernaron durante los años que duró la dictadura (1976-1983). A tal efecto se formó una comisión de investigación cuyo presidente fue el escritor Ernesto Sábato y como resultado se publicó un libro, *Nunca Más*, en el que se dan a conocer los crímenes contra los derechos humanos cometidos en Argentina. En el año 1986 se decreta una ley por la cual se perdonan a todos los militares que ya han sido juzgadas y se cierran todas las causas e investigaciones pendientes.

Nunca quise ser **doctor**, eso era lo que quería el viejo. Yo no. Tampoco quería ser arquitecto, la verdad, pero Cecilia sí. Y cuando alguien tiene las ideas muy claras, ¿sabés qué?, te contagiás. El entusiasmo de Cecilia se parece mucho al tuyo. Y yo me contagié. Y quise ser Le Corbusier y planificar todas las ciudades otra vez. Buenos Aires la primera.

Ya no estamos juntos. Nos quisimos mucho, pero ya no nos queremos. No, no estoy llorando. Estoy un poco resfriado, es el aire acondicionado de la oficina. Y ya sabés, algunas tardes de verano, **en cuanto** cae el sol, que refresca mucho.

Pasaron tres años. Tres años sin venir a nuestra cita. No pude. Estuve lejos, me fui. No aguanté más. La crisis de este pobre querido país, la crisis de mi pobre corazón sin Cecilia.

No sólo yo me fui. Somos muchos los que nos fuimos, pero vamos volviendo. Nos cuesta vivir lejos. Creo que estamos enfermos de nostalgia. La heredamos de nuestros abuelos. Ellos siempre desearon volver a sus tierras de origen, las que tuvieron que dejar por el hambre de las guerras. Alguien dijo alguna vez que los argentinos **descienden** de los barcos. Creo que es verdad.

Hay flores en tu tumba, Andrés. Unos **geranios** frescos, rojos. Se parecen a los que tenía tu vieja en el **zaguán**. ¡Qué linda era tu vieja! Hace mucho que no voy a verla. Hace mucho que no voy por el barrio. Vos ya sabés que con mi viejo las cosas nunca fueron fáciles, así que voy muy poco.

¿Sabés?, tu vieja está muy comprometida con la lucha por los desaparecidos. Te sigue buscando, no se da por vencida. Ella es una de las que todos los jueves se pone el pañuelo blanco en la cabeza y da vueltas en la plaza. Son cientos de personas las que todos los jueves dan vueltas y vueltas pidiendo justicia. Tu vieja es una de las Madres de la Plaza de Mayo.[6]

Ahora estoy acá, volví. Me ahogaba con otros aires y con la tristeza de mi exilio voluntario. Una noche miré el cielo de París y me encontré buscando desesperado la Cruz del Sur.[7] Ese día me di cuenta de que era hora de volver.

Volver, como dice el tango. Volver a vos y a todo lo que dejé. Es verdad eso de que lo primero que ponés en la **valija** es todo lo que querés olvidar. Así que ya ves, escapar no me sirvió de nada.

Por suerte estás acá, y a los amigos de verdad no hay que explicarles nada. Con los amigos, aunque pasen los años, cuando te encontrás seguís con la conversación de siempre. La **charla** que nunca se interrumpió. Sólo una larga pausa, un profundo silencio con dos ausencias: la tuya y la mía.

---

6 Agrupación no gubernamental fundada por las madres de los desaparecidos en la dictadura militar argentina de 1976-1983, que lucha por los derechos humanos.

7 Conjunto de estrellas (constelación) que sólo se ve en el hemisferio sur del planeta tierra.

Hoy me tomé un café con Cecilia, el último café.[8] Estaba muy linda, como siempre. Se casó y va a tener un pibe. Es feliz, o al menos, parece feliz. Me alegró verla. Ya estoy bien, me reconcilié con ella y con nuestra historia. Me costó mucho aceptar que ya no somos compañeros de camino. Sé que ya es tiempo de volver a intentar, pero no me enamoro. No me puedo enamorar.

Me da miedo querer. Porque los que más quise, ya no están. Como vos, el viejo o Cecilia. Sé que no es lo mismo. No te lo dije, pero mi viejo murió. De un ataque al corazón, el invierno que pasó. Así, **de repente**. Él que nunca tuvo ni un resfriado… Tantas cosas que nunca le dije y que ya no le puedo decir. Creo que lo decepcioné, creo que él esperaba más de mí. Cecilia, la mía, también murió,

---

8   **El último café** es el título de un tango que habla del final de una relación de pareja.

porque la que yo amé, esa ya no existe. Existe sólo en mi recuerdo, como vos.

Otra vez hay flores frescas. Me pregunto quién las trae. A veces siento que alguien me está observando, espiando. Pero no veo a nadie. Lo cierto es que me gusta ver este sitio con flores.

Parece que sos importante para alguien más. Bueno, vos no. Es este lugar, esta tumba sola con un nombre. Sé que quien está acá es un desconocido. Uno que tiene tu nombre pero que tiene otra historia. Una historia que no es la tuya. No quiero pensar en eso.

El otro día tuve que poner un poco de orden en la casa del viejo. Ahora que murió hay que vender todo. Sólo me quedaba eso en el barrio, la casa del viejo. Parece que la memoria se va esfumando. Las casas poseen la magia de mantener vivos los recuerdos, como un hechizo. Ese encantamiento se romperá para siempre el día en que se cierre por última vez la puerta. Detrás de esa puerta cerrada sólo quedará una casa vacía.

Lo que te contaba Andrés… que tuve que poner orden, y ¿sabés que encontré? Entre unas cajas llenas de

polvo, en el **galpón** del fondo, apareció una carpeta azul. Tu carpeta de canciones. No sabía que estaba allí. Te la habrás dejado olvidada.

Como cuidabas esa carpeta, tus partituras, no sé cómo te las olvidaste en mi casa… Para mí esas hojas amarillas son parte tuya, y te vi, como si estuvieras tocando la guitarra otra vez, con los amigos del barrio, con los compañeros del **cole**. Que poco me queda de vos. Tu imagen se va borrando con el paso de los años.

Encontré también viejas fotos. Colgué una en la pared de mi departamento, al lado de la ventana del estudio. Una foto en la que estamos juntos. No sé quién la sacó, no sé dónde está tomada, sólo sé que estás vos, que estamos juntos.

No estoy preparado todavía para dejarte ir.

Hoy son **madreselvas**, hoy las flores son madreselvas.

Hoy es una tarde de perros. Qué **tiempo loco**. Buenos Aires está todo inundado. Ahora le dio por llover a **cántaros** todos los miércoles, este es el tercero. No recuerdo un enero tan lluvioso como este, espero que febrero sea mejor. Los **colectivos** no **andan**, los **autos** flotan en la Avenida General Paz,[9] y la gente se queda sin poder volver a casa después del **laburo**, vagando, todos atrapados en la ciudad, como en un cuento de Cortázar.[10]

Al llegar a nuestra cita vi a una chica. Creo que te vino a ver a vos. Me pareció que lloraba. Tal vez es ella la de las flores. Quise preguntarle, pero no pude. Me quedé parado, como atontado. Estaba empapada por la lluvia y temblaba. Acá también llueve, Andrés.

---

9   Cinturón de circulación vial que bordea la ciudad de Buenos Aires.

10   Julio Cortázar (1914-1984): famoso escritor argentino de deslumbrante fantasía, entre sus obras: *Los premios; Rayuela; Bestiario; Modelo para armar.*

Murió mi abuela, la semana pasada. La **nona**. Sé que te acordás de los ñoquis que hacía. Los ñoquis del 29.[11] ¿Quién no se va a acordar de los ñoquis de la nona? Estaba bien la vieja, pero se tropezó un día, con el gato, mirá vos que tontería. Se cayó y se rompió la cadera y ya nunca se recuperó.

Parece que siempre hay que explicar cómo se muere la gente. Vos decís que se muere alguien y la pregunta que sigue es ¿cómo? Tiene que existir una explicación para la muerte, un motivo. Nos deja más tranquilos.

Ahora que la nona ya no está, no sé, se termina una etapa en mi vida. Ya sabés que para mí ella era más una madre que una abuela. El olor a pan **recién** horneado de su casa. El perfume a jabón de limón que me envolvía cuando me abrazaba o cuando se acercaba a susurrarme un secreto. La voy a extrañar a la viejita. Me acuerdo que cuando me sentaba con ella a charlar, el tiempo parecía detenerse. Era una gran contadora de historias la nona. Con ella se van muchas de las **anécdotas** de la familia. Sin ella me quedo completamente solo.

---

11 Los ñoquis son una comida de origen italiano. Es una pasta hecha de patata y harina amasada, a la que se le da forma con un tenedor, se hierve y se come generalmente con salsa de tomate. En Argentina es tradición comerlos los días 29 de cada mes.

Capítulo

7

1996

Antes de venir me di una vuelta por Puerto Madero.[12] Está irreconocible. Tenés que verlo. Esta ciudad siempre le dio la espalda al mar,[13] como tantas ciudades con puerto del mundo. Me fascinan los puertos, a vos también te gustaban. Es porque somos de la Boca, de un barrio de puerto y crecimos con el olor a petróleo y a barco en todas las esquinas. Me gusta lo que hicieron con las viejas construcciones del puerto. Esa era tierra de nadie desde hace muchos años, un lugar abandonado y gris. Por primera vez el centro de Buenos Aires da la bienvenida al río y se respiran otros aires. Me gustaría que lo vieras.

---

12 Puerto Madero es una antigua parte del puerto, en el centro de la ciudad de Buenos Aires, que se comenzó a rehabilitar en 1990. Actualmente es una amplia zona recreativa de restaurantes, cines, universidades, heladerías, discotecas, etc.

13 En realidad Buenos Aires no tiene mar, pero se puede considerar al Río de la Plata como un inmenso mar marrón que se pierde en el horizonte. Técnicamente, el Río de la Plata tampoco es un río, es un estuario.

Ya no trabajo de arquitecto, ¿te lo dije? Me cansé. No sé lo que quiero hacer, me siento perdido casi todo el tiempo. Desalentado. Ahora hago algún laburito que otro, **plomería**, instalaciones eléctricas y aunque no te lo creas, **manejo** un taxi

de vez en cuando. Necesito no pensar, usar las manos, hacer cosas con ellas. Mi cabeza necesita un respiro.

No tengo a nadie con quien hablar de verdad y por eso vengo a verte. Sí, claro que tengo amigos, pero no es lo mismo. Últimamente no los veo mucho, no tengo ganas.

Tal vez tengo que ir al psicólogo, como todos. Vos sabés que en este país de locos todo el mundo va al psiquiatra. Toda esta confusión, esta falta de identidad. Esta continua búsqueda, esa sensación de que siempre nos falta algo. El otro día escuché una de las definiciones que, creo, mejor nos retrata. Te vas a reír… Los argentinos somos italianos que hablamos en español pero creemos que somos franceses. ¿Vos que pensás, creés que es verdad?

¿Sabés en quién pienso alguna vez? En la chica con la que me crucé acá el año pasado. Voy caminando por la ciudad esperando encontrármela. Es una estupidez, lo sé, pero tengo su imagen clavada.

Hoy no hay madreselvas ni geranios. Pero hay un sobre de plástico con una carta dentro. ¿Vos qué creés Andrés, pensás que es para mi? Acá la dejo. No me atrevo a abrirla. No puede ser para mí.

Hace unos meses estuve con Ricardo y los **muchachos**. Te vas a morir de envidia cuando te cuente esto. Estuvimos en el **recital** de Los Ramones. Decidieron dar su último concierto acá, después de 2.262 conciertos en el mundo, dieron el último acá en Buenos Aires. Acá, en el fin del mundo. Todavía tengo el disco que me regalaste, *Leave Home*. Vos los descubriste. Te cuento que vos estuviste con nosotros en la **cancha**, con nosotros y con las 45.000 personas que gritamos y cantamos como locos el 16 de marzo de 1996 en la cancha de River.[14]

Parece que el país va mejor. Eso dicen. Yo no estoy seguro. Creo que se gasta mucha **plata**, muchas cosas importadas, me pregunto dónde está la Industria Argentina. A mi las **cuentas no me dan**. Pero yo siempre fui pesimista, ya lo sabés. Muchos golpes, muchas esperanzas rotas. Si creés poco las

---

14 River Plate es uno de los equipos de fútbol más destacados de Argentina y cuenta con el estadio de fútbol más grande del país.

desilusiones son menos. Vos dirás que eso es vivir a medias y vos casi siempre tenés razón.

Vi a tu vieja hace unas semanas, me pasé por tu casa, le llevé unas **facturas** y nos tomamos unos **mates**. No te preocupés, está bien. Cambió mucho desde lo tuyo, nunca se recuperó. Sigue peleando a su manera, sigue participando en las cruzadas de las Madres de Plaza de Mayo. Pero creo que está cansada, desilusionada. Nunca hablamos de vos. No podemos.

Acá sigue la carta. Nadie la leyó. Sigue el sobre cerrado envuelto en plástico, ahora un poco deteriorado por la lluvia. Alguien puso una piedra encima para que no se escape con el viento. Me pregunto de quién es, me pregunto para quién.

Vine muchas veces este año al cementerio, no para hablar con vos sino buscando a la chica que lloraba bajo la lluvia hace unos veranos. La vi dos o tres veces. Se sienta en una banco, no muy lejos de acá y se queda muy quieta mirando al vacío. Siempre usa **pollera**, un poco corta para sus piernas tan largas. Creo que busca algo. Me gustaría protegerla, abrazarla. No sé por qué. No la conozco. Pero creo que algo nos une, una especie de hilo invisible.

Quiero creer que la persona que dejó la carta es ella. ¿Será ella? ¿Será que la chica de la pollera corta dejó esta carta para mí?

Capítulo
1998

20 años. Casi 20 años. Dice el tango que no son nada. El que escribió ese tango no tenía espejo en su casa. Yo sí tengo un espejo y me miro en él cada mañana. Cuando me afeito, cuando me lavo los dientes. Es lo primero que veo cada día y lo último que veo cada noche. Veo que se me cayó el pelo en algunas partes. Veo las primeras canas en el pelo que aún me queda. Y también veo un poco de **panza** que me salió desde que dejé de jugar a la pelota.[15]

Sí, ya no jugamos más a la pelota con los **muchachos**. Se casaron todos, y tienen pibes y es difícil arreglar para jugar al fútbol. Nos vemos muy de vez en cuando. Algún **asadito** para festejar el cumpleaños de alguno, nos vemos muy poco la verdad.

---

15 En Argentina, se dice "jugar a la pelota" cuando se juega al fútbol.

¿Sabés una cosa? El **potrero** del barrio ya no está. Bueno, está pero levantaron unos muros y no se puede pasar. Oí por ahí que van a construir no sé qué... pero lleva así más de tres años, no creo que hagan nada. En el barrio se construye muy poco, casi nada.

Hablando de construir, te cuento que volví a lo mío. Encontré un socio, que está más loco que yo, y vamos a poner un estudio de arquitectura. Éramos compañeros en la facultad y nos encontramos por casualidad en un café hace unos meses. Estamos mirando para alquilar algo que sirva de estudio en Palermo.[16] Tengo ilusión. A lo mejor nos sale bien.

¿Qué te puedo contar del país? Esto sigue siendo un **manicomio**, una casa de locos. Los políticos de turno siguen prometiendo cosas imposibles.

Dentro de esta gran locura, por ejemplo, se les mandan computadoras a escuelitas perdidas en el polvo de las fronteras. Y, claro que está bien que se les manden computadoras, que llegue el "progreso". Pero es que ninguna de estas escuelas tiene luz eléctrica así que no hay manera de poder enchufar nada.

---

16 Barrio de la ciudad de Buenos Aires.

Al mismo tiempo, el presidente del país promete en pueblos olvidados, detenidos en el tiempo, que un "súper" avión, en pocos años, nos llevará desde acá a Japón en menos de dos horas. Esto se le dice a gente que no tiene para comer, que no tiene agua potable y que apenas sabe leer y escribir. Es triste aunque te rías...

Quiero contarte que conocí a una chica. Se llama Gabriela. Ya te hablaré de ella. Todavía no es el momento.

Andrés, creo que estas citas me ponen triste. Pero me acostumbré a venir a verte, a charlar con vos que es como charlar conmigo.

Nunca te dije esto pero jamás entendí por qué te llevaron a vos y a mí no. Tengo la sensación de que viví una vida prestada todos estos años. Sé que todo sería diferente con vos acá, las risas más risas y las penas menos penas.

Capítulo

1999

Tengo una historia para contarte. La historia de Gabriela.

Hoy vino conmigo, me acompañó. Está esperándome. La puedo ver desde acá. Me gusta verla desde lejos. Ver cómo se mueve, mirar su cara e intentar adivinar lo que está pensando.

Todo empezó gracias a vos. Empezó con la carta que encontré acá, en esta tumba que no es la tuya.

Hace unos años, en una de nuestras citas, agarré la carta, ¿te acordás de la carta? No pude con la curiosidad, la agarré y me la guardé en el bolsillo. Me metí en un café, el primero que encontré y la abrí. Sólo unas líneas:

Tenía la sensación de que la carta la escribió la chica de la pollera corta. Más que una sensación era un deseo, quería pensar que era ella. Tardé muchos meses en llamar. Deseaba saber y no saber al mismo tiempo. Quería seguir viniendo a verte a vos. Al mismo tiempo me moría de curiosidad y quería saber todo lo que no sabía de la persona que está acá, enterrada.

Sabía que este **llamado** lo cambiaría todo. Y vos sabés que siempre me costaron los cambios. Que me gustan las rutinas, que me hacen sentir seguro.

No quería volver a perderte, sobre todo, no quería volver a perderte.

Me cité con ella acá en la Recoleta, en la calle Junín, en la pizzería Los Inmortales. Quería estar cerca del cementerio, cerca de vos. Creo que quería terminar con la historia en el mismo lugar donde empezó. Tal vez necesitaba tu apoyo, no sé.

Sí, Andrés, era ella. La chica que se sentaba en el banco, la chica que lloraba bajo la lluvia. Con su pollera corta, con su pelo desordenado y con sus piernas largas.

Sentí que la conocía de toda la vida. Cuando la vi entrar en el bar, con paso inseguro, buscándome, olvidé a todas las mujeres que pasaron por mi vida. **Clavé** mi mirada en sus ojos y **llegué a puerto** sólo con mirarla.

Gabriela estaba tensa, seria. Lo entiendo, esperó mucho tiempo. Mucho tiempo hasta recibir mi llamado. Muchos años esperando a tener noticias. Y como cuando uno espera mucho algo, al final, te olvidás de por qué lo estabas esperando. La espera lo interrumpe todo y cuando la espera termina, estás tan agotado que sólo querés que el momento pase lo más rápido posible.

El desconocido con tu nombre, el que ocupa ese lugar escondido en el cementerio, es el padre de Gabriela.

Un padre al que nunca conoció. Un padre que la abandonó cuando ella era una nena, una nena chiquita. Me contó que siempre lo esperó. Cuando estaba triste, cuando peleaba con su madre, cuando se peleaba con una amiguita… Siempre pensaba, ya vas a ver, ahora vendrá mi papá y ya no estaré sola. Me llevará al parque, me subirá sobre sus hombros y todo estará bien. Iremos a la plaza y nos subiremos a la **calesita** y daremos vueltas juntos, felices, subidos a un caballito de madera. Pero los años pasaron, y nadie la rescató.

Gabriela, con sus seis años, miraba alrededor y sólo veía familias felices con padres que adoraban y cuidaban a sus hijas. Se preguntaba si algunos de esos padres que llevaban de la mano a sus hijas al colegio no sería el suyo. Nunca preguntó por él. Gabriela no pregunta.

Un día, años después, su madre le habló de un amor de juventud, de un embarazo y de un nombre.

Gabriela no sabía que ese dolor que sintió siempre en el pecho se llamaba abandono y trató de apagar el dolor como pudo. Nunca más quiso saber nada de su padre, no le interesó buscarlo. No quería sentir el rechazo, no otra vez. No quería saber quién era ni lo que hacía. Ya era tarde.

Tiempo después, bastante tiempo, descubrió por casualidad que su padre estaba muerto. Cuando ya no lo esperaba, cuando creía que la herida estaba cerrada. En ese momento encontró a su padre. Al hombre que quiso y necesitó, al padre que extrañó siempre. Y por el que luego sintió algo parecido al odio. Ese hombre por el que había sentido tanto, su padre, estaba muerto.

Siempre imaginó que él tenía otra vida, con otros hijos, hermanos que jugaban juntos en el patio, una gran familia feliz. Eso la hacía sentir más sola, más triste. Ella inventó una vida perfecta para él, y él estaba muerto. Su padre murió en 1969, sólo un año después del primer cumpleaños de Gabriela. Nunca tuvo una familia y tampoco nunca supo que tuvo una hija.

Por eso le dejaba flores, por eso iba a su tumba. Por eso se extrañó al verme acá en mis citas de enero. Por eso dejó la carta. Pensó que yo sabía algo. Que tal vez era un primo lejano, un familiar.

Como podés ver, Andrés, este lugar ya no es nuestro. Esta es nuestra última cita. Ya no necesito que estés acá, creo que por fin estoy preparado para dejarte ir. Sé que estás conmigo, no necesito seguir buscándote.

Sólo puedo decirte que ahora estoy en paz. Que el mundo giró hasta que Gabriela y yo nos encontramos. ¿Y sabés lo que siento? Siento que de alguna manera el círculo se comienza a cerrar.

Sé que hay nubes en el horizonte, Andrés, las puedo adivinar. Sé que los tiempos que vienen en este país son tiempos difíciles. Pero ya no siento la soledad como una espada.

Ahora Gabriela se acerca a la tumba de su padre, me tiende la mano, me **paro** y juntos comenzamos a caminar lentamente en silencio.

A c t i v i d a d e s
Prepárate para la lectura

1. **¿Qué sabes de Argentina y de Buenos Aires? Lee las siguientes afirmaciones y decide sin son verdaderas o falsas. No te preocupes si hay cosas que no sabes. Después de leer el texto, vuelve a este ejercicio y corrige tus respuestas.**

V F

☐ ☐ En Argentina se les llama porteños a los habitantes del norte del país.

☐ ☐ Las costas de Buenos Aires están bañadas por el Océano Atlántico.

☐ ☐ La Boca es un barrio moderno de Buenos Aires.

☐ ☐ El tango es un género musical y un baile típico de Argentina.

☐ ☐ Argentina es un país que ha gozado de estabilidad política durante los últimos 50 años.

☐ ☐ La Cruz del Sur es un famoso café de Buenos Aires.

☐ ☐ En 1982 Argentina entró en guerra con el Reino Unido por la posesión de las Islas Malvinas.

☐ ☐ En Buenos Aires llueve muy poco.

☐ ☐ Las Madres de la Plaza de Mayo es una agrupación con fines culturales.

☐ ☐ En Argentina no hay estaciones, siempre hace calor.

☐ ☐ Los cementerios se construyen en las afueras de las ciudades.

☐ ☐ El origen de la población argentina es mayormente indígena.

☐ ☐ La diferencia entre el español de España y el español que se habla en Argentina es sólo una diferencia de acentos.

☐ ☐ La Recoleta es un famoso teatro de Buenos Aires.

A c t i v i d a d e s
Prepárate para la lectura

2. **¿Qué te sugiere el título** Cita en la Recoleta**? Elige la opción que creas adecuada:**

   Una historia de amor
   Una historia de amistad
   Un relato familiar

3. **Lee las siguientes frases y decide cuáles de ellas usarías si estás en España (E) y cuáles en Argentina (A). Después de leer el texto, corrige tus respuestas.**

   ☐ ☐ ¿Dónde has estado esta mañana?

   ☐ ☐ ¿Dónde estuviste esta mañana?

   ☐ ☐ Vos sabés muy bien que acá no llueve.

   ☐ ☐ Tú sabes muy bien que aquí no llueve.

   ☐ ☐ No agarrés la valija que pesa mucho.

   ☐ ☐ No cojas la maleta que pesa mucho.

   ☐ ☐ ¡Nunca he visto una camisa tan bonita!

   ☐ ☐ ¡Nunca vi una camisa tan linda!

4. **¿Qué diferencias encuentras en el uso del español en las oraciones del ejercicio 3?**

   1.

   2.

   3.

Actividades
Sobre la lectura

1. Relaciona las siguientes informaciones:

Río de la Plata	desaparecido
La Boca	barrio
Andrés	nadar
porteño	arena
huellas	Costanera
bicicletas	de Buenos Aires

Actividades
Sobre la lectura

2. Fíjate en el estilo del texto. El narrador está contando una historia, pero en algunos pasajes se dirige directamente al lector.

Lee los siguientes párrafos y marca aquel en el cual el narrador se dirige a ti. Pon atención y verás que no te trata de tú sino de vos.

☐ a) Son épocas difíciles. Desaparece mucha gente en silencio. Parece que el silencio ayuda a creer que nada de eso está pasando.

☐ b) Muchos años después de ese verano, creo que unos 10, ocurrió algo que, por suerte para mí, lo cambió todo.

☐ c) Pensá en unas huellas en la arena. Un rastro que el mar borró. Una huella que no podés seguir. Eso es Andrés para mí, unos pasos interrumpidos que no puedo seguir.

3. ¿Qué es Caminito**? Explícalo brevemente.**

CAPÍTULO 2

1. Lee las siguientes frases y señala la que mejor resume este capítulo.

a) El narrador encuentra a Andrés.
b) Andrés está enterrado en el cementerio de la Recoleta.
c) El narrador encuentra una tumba con el nombre de su amigo.
d) El narrador sabe a quien pertenece la tumba.

2. En el segundo párrafo del texto se utiliza un pretérito indefinido.

a) ¿Cuál es la frase?
b) Si la historia la contara un español, ¿qué pretérito utilizaría?

3. Encuentra en la sopa de letras las palabras utilizadas en el texto para las siguientes palabras o expresiones:

| madre | hablar en voz baja |

| típica comida argentina | relato popular |

| pequeña | caminar sin rumbo |

C	H	A	I	I	O	R	K	Z	W	Y	A	A
H	H	P	P	D	V	E	V	O	G	O	P	J
O	P	I	A	D	A	D	A	N	A	P	M	E
Q	Z	L	Q	L	M	O	G	O	O	D	I	I
D	S	U	S	U	R	R	A	R	I	T	B	V
N	A	A	J	E	I	L	R	O	O	V	Y	R
D	Z	A	X	J	W	T	Z	Y	N	O	D	I
R	L	E	Y	E	N	D	A	L	E	Y	E	L

4. Acuérdate que en el capítulo anterior el narrador se dirigía directamente a ti en algunos pasajes. En el final de este capítulo, el narrador se vuelve a dirigir a alguien, en este caso, ¿a quién?

CAPÍTULO 3

1. Relaciona los siguientes conceptos.

Cecilia	papeles viejos
Islas Malvinas	arquitectura
militares	primer beso
facultad	guerra
juicio	Ley del Punto Final
cajón	crímenes
dictadura	democracia

2. Pon atención a la utilización del "vos" en lugar del "tú". Acuérdate que ya lo hemos mencionado en el capítulo 1. A continuación lee las frases que te proponemos y encuentra en el texto su equivalente.

Te acuerdas ....

Te olvidas ....

Tú no estabas ....

¿Sabes una cosa? ....

Claro que sabes ....

¿Cómo que no te acuerdas? ....

Tú te la ganaste ....

¿Sabes qué? Te contagias ....

No te preocupes porque más adelante volveremos a este tema y estudiaremos cómo se conjuga la forma del "vos".

3. ¿**Qué intención tiene el narrador en el último párrafo del capítulo?**

"No, no estoy llorando. Estoy un poco resfriado, es el aire acondicionado de la oficina. Y ya sabés, algunas tardes de verano, en cuanto cae el sol, que refresca mucho."

a) Contarle a su amigo que ha pillado un resfriado.
b) Hablar de los cambios de temperatura.
c) Ocultar que está llorando.

Actividades
Sobre la lectura

4. ¿Cuál de los siguientes párrafos resume mejor este capítulo?

a) El narrador le cuenta a su amigo todo lo que ha pasado en los últimos años. Le cuenta de su madre, de su novia y de sus próximos proyectos.

b) El narrador hace un recuento de los últimos años. Le habla a Andrés, en un monólogo, de la historia de Argentina, de la ruptura con Cecilia y de la época de la facultad.

b) El narrador recuerda su juventud y su primer amor.

CAPÍTULO 4

1. ¿Qué quiere decir el narrador con la frase: "La crisis de mi pobre corazón sin Cecilia."

a) Que la relación entre él y Cecilia no está pasando por un buen momento

b) Que Cecilia lo engaña

c) Que Cecilia y él ya no están juntos

2. Lee las siguientes frases y marca las que son verdaderas (V) y las que son falsas (F).

V   F

☐   ☐   El narrador ha faltado a la cita porque ha estado enfermo.

☐   ☐   El narrador volvió porque extrañaba el país, la gente y a Andrés.

Actividades
Sobre la lectura

V F

☐ ☐ La madre de Andrés pertenece a una agrupación que lucha por los desaparecidos en Argentina.

☐ ☐ El narrador quiso escapar de sus problemas viajando a París.

☐ ☐ El narrador no cree en la amistad.

☐ ☐ "Volver" es el título de una famosa novela romántica.

CAPÍTULO 5

1. Lee las definiciones y resuelve el crucigrama.

1) "El último café" letra de un . . . .

2) Pibe

3) Después de una discusión o distanciamiento, hacer las paces. (sustantivo)

4) ¿Qué encuentra el narrador en la tumba?

5) ¿Quién murió en el invierno de 1993?
   El . . . . del narrador.

6) Característico de las madreselvas

7) ¿Quién se casó?

8) Querer

9) ¿Qué sintió el narrador al ver a Cecilia?

10) ¿Cómo se llama el desconocido de la tumba?

11) Temor

Actividades
Sobre la lectura

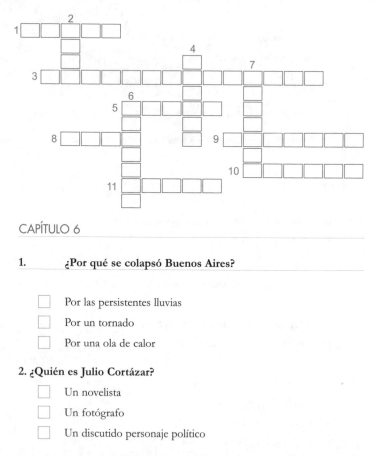

CAPÍTULO 6

1. ¿Por qué se colapsó Buenos Aires?

- ☐ Por las persistentes lluvias
- ☐ Por un tornado
- ☐ Por una ola de calor

2. ¿Quién es Julio Cortázar?

- ☐ Un novelista
- ☐ Un fotógrafo
- ☐ Un discutido personaje político

3. En este capítulo se introduce un nuevo personaje, ¿de quién se trata?

4. ¿Cómo te imaginas a la nona? Descríbela con tus palabras.

CAPÍTULO 7

1.   En este capítulo se habla de Puerto Madero y de su rehabilitación. Aquí tienes dos columnas con información de cómo era antes y otra de cómo es ahora.

ANTES	AHORA
abandonado	lugar de encuentro
sucio	moderno
solitario	lleno de vida
viejo	restaurantes
cerrado al público	pasear de noche

Con estas piezas de información, describe cómo era antes y cómo es ahora Puerto Madero.

EJEMPLO:

> Antes Puerto madero era un sitio abandonado. Ahora es un lugar romántico para pasear de noche.

Actividades
Sobre la lectura

2. Puerto Madero ha cambiado y también ha cambiado el protagonista de la historia,

    a) ¿A qué se dedicaba y ya no se dedica?

    b) ¿Qué hace ahora? Busca el nombre de las profesiones que desempeña actualmente.

CAPÍTULO 8

1. En este capítulo vuelve a aparecer la misteriosa carta en la tumba de Andrés.

    a) ¿Quién crees que ha dejado la carta?
    b) ¿A quién te imaginas que va dirigida?
    c) ¿Por qué?
    d) ¿Qué dice la carta? Escríbela.

CAPÍTULO 9

1. Han pasado 20 años desde el comienzo de la historia, ¿qué cosas han cambiado en la vida del narrador (X) y en la de sus amigos? Redacta como mínimo 6 oraciones.

EJEMPLO:

        Antes X era delgado. Ahora está engordando.

2. El tango que se menciona en este capítulo se titula "Volver", ¿en qué otro capítulo de la novela se hace referencia a este tango? ¿En qué contexto?

Actividades
Sobre la lectura

3. Lee detenidamente la letra de un párrafo de este tango. El lenguaje no es sencillo, no te preocupes, trata de entender el sentido general de lo que se dice.

Volver

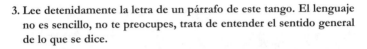

Letra: ⎯⎯⎯⎯⎯⎯
Música: ⎯⎯⎯⎯⎯

a) **¿Qué quiere decir con:** volver... con la frente marchita?

☐ Que vuelve triunfante

☐ Que vuelve fracasado

☐ Que vuelve enfermo

b) **¿Qué crees que significa la frase:** las nieves del tiempo platearon mi sien?

☐ Que parte de su cabello se ha vuelto blanco

☐ Que la nieve ha afectado su salud

☐ Que el tiempo perdido no se puede recuperar

c) Y por último, ¿qué crees que quiere decir con: es un soplo la vida?

☐ Que la vida es larga

☐ Que la vida es muy corta

☐ Que la vida es un sueño

CAPÍTULO 10

1. Acuérdate de que en el capítulo VIII has tratado de adivinar de qué trataba la carta. Ahora el misterio se ha desvelado.

a) ¿Quién escribió realmente la carta?
b) ¿Por qué?

2. Lee las siguientes frases y marca si es verdadera (V) o falsa (F).

V F

☐ ☐ Gabriela acompañó al narrador al cementerio.

☐ ☐ Al narrador le encantan los cambios.

☐ ☐ Gabriela usa habitualmente pantalones.

☐ ☐ El padre de Gabriela se casó y formó otra familia.

☐ ☐ En cuanto el narrador leyó la carta llamó por teléfono.

V F

☐ ☐ Gabriela tiene varios hermanos a los que no conoce.

☐ ☐ El narrador se enamoró de Gabriela a primera vista.

☐ ☐ Gabriela esperaba que el narrador le contara cosas sobre su padre.

☐ ☐ Andrés llevaba a su hija Gabriela todos los domingos a la plaza.

☐ ☐ Gabriela se sintió culpable de haber odiado a su padre.

☐ ☐ Gabriela supo que su padre murió porque contrató a un detective privado para que lo buscara.

☐ ☐ El narrador ya no se siente solo.

3. ¿En qué año finaliza la historia?

4. El narrador en el penúltimo párrafo menciona que se aproximan tiempos difíciles para el país. ¿Te acuerdas qué ocurrió en Argentina en los inmediatos años siguientes? Puedes buscar información en Internet para completar tu respuesta.

5. ¿Qué crees que pasará en el futuro entre el narrador y Gabriela?

A c t i v i d a d e s
Sobre la lectura

Vamos a recapitular sobre todo lo que hemos aprendido sobre Argentina, su historia, sus costumbres y su variante del español.

1. Para empezar, vuelve a los ejercicios de "Prepárate para la lectura" y corrige tus respuestas.

2. Vamos a hacer un crucigrama con el vocabulario que has aprendido que se utiliza en Argentina. Te damos las palabras en español peninsular y tienes que buscar los equivalentes que se utilizan allí.

1. Padre
2. Comida
3. Guapa
4. Trabajo
5. Carrusel
6. Aquí
7. Bollo

8. Falda
9. Pequeño
10. Autobús
11. Conducir
12. Tú
13. Coche
14. Niño

15. ¡Oye!
16. Médico
17. Umbral
18. Maleta
19. Abuela
20. Estadio

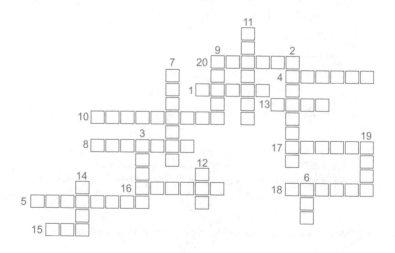

3. Para finalizar haremos un repaso de la utilización del "vos" en el presente del indicativo. Aquí tienes tres columnas, una con el infinitivo del verbo, otra con la conjugación utilizando el "tú" y una columna en blanco.

   a) Busca en el texto y completa la columna en blanco con la forma del "vos".

	PRESENTE INDICATIVO	
INFINITIVO	TÚ	VOS
mirar	miras	**mirás**
pensar	piensas	. . . .
poder	puedes	. . . .
parar	paras	. . . .
sentarse	te sientas	. . . .
acordar	acuerdas	. . . .
olvidar	olvidas	. . . .
saber	sabes	. . . .
contagiarse	te contagias	. . . .
poner	pones	. . . .
querer	quieres	. . . .
encontrar	encuentras	. . . .
ser	eres	. . . .
decir	dices	. . . .
creer	crees	. . . .
tener	tienes	. . . .
preocupar	preocupes	. . . .
conocer	conoces	. . . .

   b) ¿Cómo crees que se forma?

Glosario

Acá: En Argentina, aquí, en este lugar.

Almorzar: En Argentina, se le llama así a la comida que se realiza entre las 12 y las 14 horas.

Andar: En Argentina, funcionar.

Anécdota: Relato.

Antojo: Capricho.

Asadito: Diminutivo de asado; en Argentina, barbacoa. Es costumbre organizar asados, para ocasiones sociales o los días domingos en los que se cocina carne de vaca al aire libre, en patios o en el fondo de las casas.

Auto: En Argentina, coche.

Calesita: En Argentina, carrusel, tio-vivo. Atracción de feria que consiste en asientos colocados en una plataforma circular que gira. Es muy común encontrar calesitas en casi todas las plazas de Buenos Aires.

Cancha: En Argentina, estadio de fútbol.

Cántaros: Llover a cántaros, llover mucho.

Catalepsia: Enfermedad en el que se suspenden los signos vitales.

Charla: Conversación.

Che: En Argentina, voz con la que se llama a alguien para pedir su atención.

Chiquito/a: Forma diminutiva de *chico*; en Argentina, cuando algo es pequeño se le dice que es chico.

Clavar la mirada: Mirar fijamente.

Cole: En Argentina, coloquialmente colegio.

Colectivo: En Argentina, autobús.

Corazón: Aquí utilizado como centro de un sitio o lugar.

Cuentas: No dar las cuentas, que las cosas no son claras, que no tienen sentido.

De golpe: De repente.

De repente: En un instante, sin previo aviso.

Derrotado: Vencido.

Descender: Aquí, tener su origen, provenir de.

Doctor: En Argentina, a los médicos se les llama doctores.

Empanada: Típica comida argentina y chilena que consiste en una especie

Glosario

de media luna de masa rellena de carne, o de muchas otras cosas. Existen más de 50 tipos de rellenos. Se pueden freír o cocinar al horno.

En cuanto: Cuando.

Época: Espacio de tiempo.

Facturas: Bollos dulces, típicos en Argentina y Uruguay. Se toman casi siempre con el mate.

Facultad: Universidad.

Frontera: Límite, borde.

Galpón: En Argentina, lugar donde se guardan cosas viejas y herramientas. En general es una habitación separada de la casa al fondo del patio o jardín.

Geranios: Tipo de flor que es muy típica en los jardines de Buenos Aires.

Laburo: En Argentina, trabajo.

Lápida: En los cementerios, piedra llana en la que se coloca una inscripción.

Leyenda: Historias populares que encierran un alto grado de fantasía.

Lindo/a: En Argentina, bonito/a, guapo/a.

Llamado: En Argentina, la llamada de teléfono es de género masculino: El llamado.

Llegar a puerto: Conseguir algo que se desea.

Loquitos: En este caso se refiere coloquialmente a que a todos los chicos les gustaba Cecilia. Estar loco por algo o alguien significa que gusta mucho.

Macabro: Que siente atracción por la muerte.

Madreselvas: Flores blancas pequeñas muy aromáticas, muy abundantes en los patios de Buenos Aires.

Manejar: En Argentina, conducir.

Manicomio: En Argentina, hospital psiquiátrico.

Mate: En Argentina, una infusión típica; también se bebe en Uruguay, Paraguay y sur de Brasil. Consiste en un recipiente en el que se coloca una especie de té verde (yerba) y una paja metálica (bombilla). En él se va vertiendo agua caliente y todos van tomando del mismo recipiente (mate).

Meterse: En Argentina, se utiliza este verbo de forma coloquial para decir que se comienza algo, en este caso

Glosario

una carrera universitaria. También se utiliza para decir que se entra a un lugar o un sitio, meterse en un café.

Milicos: En Argentina, se les llama así despectivamente a los militares.

Muchachos: En Argentina, grupo de amigos de toda la vida.

Nena: En Argentina se dice nene o nena para referirse a un niño o una niña.

Nona: En Argentina, cariñosamente, abuela.

Panza: Barriga, tripa.

Parar: En Argentina, levantar.

Pibe: En Argentina, niño, joven.

Pista: Rastro, señal.

Plata: En Argentina, dinero.

Plomería: En Argentina, fontanería.

Pollera: En Argentina, falda.

Porteño: En Argentina, que es de Buenos Aires.

Potrero: En Argentina, terreno sin edificar donde suele jugar al fútbol la gente joven del barrio.

Rastro: Señal.

Recién: Recientemente, acontecido pocos momentos antes.

Recital: En Argentina, concierto.

Reconciliar: Hacer las paces, volver a ser amigos.

Tango: Típica canción y baile de la zona del Río de la Plata (Argentina y Uruguay). En general triste y nostálgica.

Tiempo loco: Impredecible.

Vagar: Caminar sin rumbo, andar sin saber a dónde ir.

Valija: En Argentina, maleta.

Vieja: En Argentina, se le llama así a la madre de manera coloquial y cariñosa.

Vos: En Argentina, no se utiliza el pronombre tú, se utiliza el vos y se conjuga de manera diferente. Ejemplo: Querés, amás, leés, soñás, cantás, tenés, etc. En este caso particular "vos" reemplaza al pronombre "contigo".

Zaguán: En las casas de Buenos Aires, una especie de espacio cubierto por un techo que hay antes de la puerta de entrada.

Soluciones

Prepárate para la lectura

1: F; F; F; V; F; F; V; F; F; F; F; F; F; F.
2: una historia de amistad.
3: E/A; A/E; A/E; E/A.
4: 1) la utilización del pretérito indefinido en Argentina en lugar del pretérito perfecto; 2) vocabulario; 3) la utilización del "vos" en lugar del "tú".

Capítulo 1

1: Río de la Plata/nadar; La Boca/barrio; Andrés/desaparecido; porteño/de Buenos Aires; huellas/arena; bicicletas/costanera.
2: c).
3: ejemplo. Caminito es una calle del barrio de La Boca, es conocido en el mundo por la foto que aparece en muchas postales de Buenos Aires. También hay un tango que se llama Caminito.

Capítulo 2

1: c). **2:** "Yo no viajé tanto"; un español utilizaría un pretérito perfecto: "Yo no he viajado tanto". **3:** madre/vieja; típica comida argentina/empanada; pequeña/chiquita; hablar en voz baja/susurrar; relato popular/leyenda. **4:** a Andrés.

Capítulo 3

1: Cecilia/primer beso; Islas Malvinas/guerra; militares/crímenes; facultad/arquitectura; juicio/Ley del Punto Final; cajón/papeles viejos; dictadura/democracia. **2:** te acordás; te olvidás; vos no estabas; ¿sabés una cosa?; ¿cómo no te vas a acordar?; vos te la ganaste; ¿sabés qué? Te contagiás. **3:** c). **4:** b).

Capítulo 4

1: c). **2:** F; V; V; V; F; F.

Capítulo 5

1: 1) tango; 2) nene; 3) reconciliación; 4) flores; 5) padre; 6) perfume; 7) Cecilia; 8) amar; 9) alegría; 10) Andrés; 11) miedo.

Capítulo 6

1: por las persistentes lluvias. **2:** un novelista. **3:** una chica. **4:** ejemplo. La nona era la abuela del narrador, era una señora cariñosa que tenía un gato, le gustaba contar historias y cocinaba pan casero.

Soluciones

Capítulo 7

1: ejemplos. Antes era un lugar sucio y ahora está lleno de restaurantes con encanto; Puerto Madero era solitario y ahora está lleno de vida; Puerto Madero era un montón de ruinas viejas y ahora es un moderno centro de ocio; antes, esta parte de la ciudad, estaba cerrada al público pero ahora es un lugar de encuentro. **2:** a) era arquitecto, se dedicaba a la arquitectura; b) plomero; taxista; electricista.

Capítulo 8

Respuesta libre.

Capítulo 9

1: ejemplos. Antes X tenía el cabello de un mismo color, ahora le están saliendo canas; antes los muchachos jugaban a la pelota, ahora se dedican a sus familias; antes el grupo de amigos se encontraba muy seguido, ahora se encuentra sólo de vez en cuando a comer un asado; antes los muchachos jugaban en el potrero, ahora el terreno está cerrado. **2:** en el capítulo 3 cuando el narrador vuelve de París. **3:** a) que vuelve fracasado; b) que parte de su cabello se ha vuelto blanco (le han salido canas); c) que la vida es muy corta.

Capítulo 10

1: a) la carta la escribió Gabriela; b) quería saber sobre su padre muerto. **2:** V; F; F; F; F; F, V; V; F; V; F; V. **3:** en 1999. **4:** a fines del año 2000 y principios del año 2001 se desata una crisis económica en Argentina que empobrece al país, elimina a la clase media y con ella a la pequeña y mediana empresa. Con esta crisis se ahonda la diferencia entre el sector privilegiado de la sociedad y la clase trabajadora. **5:** respuesta libre.

Para después de la lectura

2: 1) viejo; 2) almuerzo; 3) linda; 4) laburo; 5) calesita; 6) acá; 7) factura; 8) pollera; 9) chico; 10) colectivo; 11) manejar; 12) vos; 13) auto; 14) nene; 15) che; 16) doctor; 17) zaguán; 18) valija; 19) nona; 20) cancha. **3:** a) mirás; pensás; podés; te parás; te sentás; te acordás; olvidás; sabés; te contagiás; ponés; querés; encontrás; sos; decís; creés; tenés; preocupás; conocés. b) en presente indicativo: en los verbos regulares cambia la acentuación, acentuándose la última sílaba. En los verbos irregulares como pensar, poder, acordar, querer, encontrar, etc. Además de acentuarse en la última sílaba el verbo mantiene su raíz: **pen**sar/ piensas/**pen**sás.

Colección

LECTURAS PARA ADULTOS EN ESPAÑOL FÁCIL

NIVEL 1

- Misterio en Santiago de Chile
- Calle mayor 10
- Leyendas de Gustavo Adolfo Bécquer
- Puente aéreo
- El adosado

NIVEL 2

- El cid
- Don Juan Tenorio
- El día de San Valentín
- Ocurrió en el Retiro
- Fuenteovejuna
- Vacaciones en Isla Margarita

NIVEL 3

- Libertad condicional
- Con la sartén por el mango
- Fiera Muerte
- Asesinato en Cancún
- Comunidad de vecinos
- Cita en la Recoleta

NIVEL 4

- Don Quijote de la mancha, I
- Don Quijote de la mancha, II
- Espionaje industrial
- El juicio